Dietmar Schüller

Was hält in harten Zeiten?

I0765817

Dietmar Schüller

Was hält in harten Zeiten?

Bibliografische Information der Deutschen Nationalbibliothek
Die Deutsche Nationalbibliothek verzeichnet diese Publikation in
der Deutschen Nationalbibliografie; detaillierte bibliografische
Daten sind im Internet über http://dnb.d-nb.de abrufbar.

Autor des Buches:
© 2019 Dietmar Schüller
Am Wäldchen 3
52445 Titz
www.coaching-schueller.de

Als Leserin oder Leser dieses Buches möchte ich Sie ausdrücklich darauf hinweisen, dass keine Erfolgsgarantie für die Verwendung der Texte gewährt werden kann. Die Inhalte in diesem Buch spiegeln die Erfahrungen von mir (Dietmar Schüller) wider. Ich übernehme auch keinerlei Verantwortung für jegliche Art von Folgen z.B. unerwünschte Reaktionen, Verluste, Risiken und falsch verstandene Texte. Als Leser/in bzw. Anwender/in können Sie die Texte und Tools so und natürlich auch in geänderter From für sich in Eigenverantwortung anwenden.

Diese Veröffentlichung wurde nach besten Wissen erstellt. Sollten Inhalte des Buches gegen geltende Rechtsvorschriften verstoßen, dann bitte ich Sie um eine Benachrichtigung, um die betreffenden Inhalte schnellstmöglich zu bearbeiten beziehungsweise zu entfernen.

Über den Autor

Dietmar Schüller unterstützt und inspiriert als Resilienz-Berater, Seminarleiter und Autor. Er leitete 17 Jahre eine soziale Einrichtung in einem sozialen Brennpunkt für ein Jugendamt und blickt als langjähriger Seminarleiter auf tausende von Seminarstunden zurück. Seine Seminarinhalte drehen sich vor allem um Themen des persönlichen Wachstums, der Resilienz und der Stressbewältigung. Als Resilienz-Berater hilft er Klienten seit vielen Jahren dabei, ihren Zugang zur innere Stärke zu finden.
Seine intensiven Erfahrungen in der sozialen Arbeit an der Basis, sowie aus vielfältigen Seminaren und Klientenstunden gibt er in diesem Buch weiter.

Wenn du durch eine harte Zeit gehst und alles gegen dich zu
sein scheint, wenn du das Gefühl hast, es nicht mehr eine Minute
länger zu ertragen, gib nie auf, weil dies die Zeit und der Ort ist,
wo sich die Richtung ändert.

Rumi

Vorwort

Wir alle kennen sie, diese harten Zeiten. Die meisten Menschen haben in ihrem Leben nicht nur eine, sondern mehrere davon durchgestanden.

In harten Zeiten werden wir zu Suchenden. Da ist die Suche nach Halt, damit uns die harte Zeit nicht umwirft. Wir suchen nach einem Anker, der das Schiff unseres Lebens bei rauer See beständig hält. Wir sehnen uns nach Wegbegleitung und Inspiration auf diesem holprigen Teilstück unseres Lebensweges.

Belehrungen, Ratschläge und Bewertungen brauchen wir allerdings nicht, auch wenn sie in einer Unzahl in geschriebener und ungeschriebener Form zur Verfügung stehen.

In diesem Geiste ist dieses Buch geschrieben worden. Es will begleiten und inspirieren, ohne zu belehren. Ich wünsche mir, dass es darin erfolgreich ist.

Dietmar Schüller

Die vielen Gestalten von harten Zeiten

Die Zeiten können hart sein. Vielleicht haben Sie als junger Mensch gerade Ihr Elternhaus verlassen und spüren, dass das alles gar nicht so einfach ist. Sie fühlen sich wie ein einsamer Segler auf rauer See. In Ihnen tobt ein Kampf zwischen dem Wunsch es alleine zu schaffen und der Sehnsucht nach der warmen und schützenden Hand von Vater oder Mutter.

Möglicherweise sind Sie aber selbst gerade diese Mutter oder dieser Vater und Sie bemerken, dass Sie sich durch den Auszug Ihres Kindes nicht mehr gebraucht und irgendwie sinnlos fühlen.

Oder sind Sie möglicherweise gerade erst Mutter oder Vater eines neugeborenen Kindes geworden und fragen sich, wo bei der ganzen (Für)Sorge für Ihr Kind noch ein wenig Platz für Sie bleibt? Die ganze Welt meint, dass Sie doch eigentlich glücklich sein müßten, aber stattdessen fühlen Sie sich einfach nur ausgepowert und zu kurz gekommen.

Vielleicht sind Sie aber auch ein Mensch, der gerade in den wohlverdienten Ruhestand getreten ist und so gar nicht mit dieser Veränderung klar kommt. Sie stellen fest, daß der Hafen, in dem Sie eingekehrt sind, mehr trist als verlockend ist.

Oder sind Sie möglicherweise jemand, der kürzlich seine Arbeit verloren hat und jetzt glaubt, vor einem beruflichen und finanziellen Abgrund zu stehen? Sie fühlen sich, als würde eine riesige Welle auf Sie zukommen und wissen noch nicht, wie Sie sich vor ihr schützen können.

Möglicherweise sind Sie jemand, der - zumindest von außen gesehen - eine tolle Arbeitsstelle oder eine erfolgreiche Firma hat. Nur leider stellen Sie täglich fest, daß dieser Job zu wenig Sinn ergibt oder Ihnen zu viel abverlangt. Sie warten schon lange auf den Tag, wo es leichter und sinnvoller wird, aber das Warten scheint kein Ende zu nehmen. Sie fühlen sich wie jemand, der unter hoher Anstrengung schon lange in der Weite eines Ozeans rudert, ohne das ersehnte Land zu sehen.

Ja, harte Zeiten kommen in vielen unterschiedlichen Gestalten. Nicht selten verlieren wir dann die Hoffnung, dass die Dinge sich noch einmal zum Besseren wenden werden.
Dies aber ist ein Irrtum. Es besteht immer und ausnahmslos Grund zur Hoffnung, auch wenn Sie das gerade nicht sehen können. Häufig kommt der Wendepunkt zum Positiven exakt zu dem Zeitpunkt, wo Sie denken, dass es jetzt echt nicht mehr geht. Nicht selten ist plötzlich Land in sich, wenn wir bereits die Hoffnung aufgegeben haben, es zu finden.

Der Kluge gibt keinen unerbetenen Ratschlag, der Weise nicht einmal den erbetenen.

Louis Pasteur

Ratschläge in harten Zeiten

Vielleicht sind die Zeiten für Sie hart, weil Sie einen geliebten Menschen oder ein geliebtes Tier verloren haben und tief trauern. Ja, ich erahne leise wie sich das für Sie anfühlen könnte, denn ich habe in letzter Zeit auch solche Verlusterfahrungen gemacht.

Die Zeiten können auch hart sein, wenn massive Konflikte auf der Arbeit oder zu Hause Ihnen Ihre Kraft rauben und Sie sich nichts sehnsüchtiger wünschen als eine Lösung, die jedoch (noch) nicht sichtbar ist.

Auch Krankheiten können uns hart treffen. Vielleicht lähmt Sie gerade eine Depression oder ein Burnout und Sie wissen nicht, woher Sie die Kraft nehmen können. Sie sehen, dass alle um Sie herum irgendwie glücklich und erfolgreich sind, nur Sie - so scheint es zumindest - packen es irgendwie nicht.

Krankheiten gehen oftmals auch mit Diagnosen einher, die uns verunsichern, ängstigen oder gar einen Schock versetzen. Vielleicht wissen Sie gerade nicht, ob Sie noch einmal gesund werden oder wann das möglicherweise sein wird.

Diese Beispiele dürften genügen, um das zu beschreiben, was mit harten Zeiten gemeint sein könnte. Vielleicht finden Sie sich in diesen Beispielen wieder, vielleicht aber auch nicht, denn das Leben scheint in der Ausgestaltung dessen, was hart sein kann, sehr viel Phantasie zu besitzen. Allerdings zeigen diese Beispiele auch eines: wir sitzen alle im selben Boot, wir alle gehen immer wieder durch solche harten Zeiten. Dies ist auch der Grund, weshalb ich in diesem Buch zumeist in der Wir-Form schreibe. Es kann etwas Tröstliches haben zu wissen, mit der eigenen Erfahrung nicht alleine zu sein.

In harten Zeiten hören wir oftmals Gedanken, Appelle und Ratschläge anderer Menschen, wie beispielsweise:

> „Ja gut, aber zum Glück bist du ja gesund. Das ist doch die Hauptsache!“

> „Du mußt die Chance sehen, die du jetzt hast!“

> „Na ja, das Leben ist halt kein Ponyhof!“

> „Das mußt du jetzt akzeptieren!“

> „Ja klar, aber schau doch auch, wofür du alles dankbar sein kannst!“

> „Andere Mütter haben auch noch nette Söhne!“

> „Sei froh, dass du sie los bist!“

> „Zeiten der Krise sind Zeiten des spirituellen Wachstums!“

> „Lehrjahre sind eben keine Herrenjahre!“

> „Auch das geht vorbei und wer weiß wofür es gut ist.“

> „Ihr müßt euch einfach jetzt zusammenraufen!“

> „Man muß auch einmal eine Faust in der Tasche machen!“

> „Kopf hoch, wird schon wieder!“

> „Tja, was willst du machen…“

> „Durch diese harte Zeit entwickelt sich deine Persönlichkeit!“

> „Mach es doch einfach so:….“

> „Also, ich habe damals einfach…..“   und vieles mehr.

Sicherlich, diese Äußerungen, die wir hören oder gar lesen, sind meistens gut gemeint, aber gut gemeint, ist längst nicht immer gut. Bestenfalls bewirken diese und ähnlich formulierte Sätze gar nichts, wenn wir deutlich den Schmerz in unserer Seele spüren. Sie prallen dann einfach an uns ab, wie Regentropfen an einer Windschutzscheibe.

Im schlechtesten Falle aber, machen solche Bemerkungen alles noch viel schlimmer, weil sie in uns ein Gefühl von Defizit hinterlassen. Wieso kriegen andere das hin und ich nicht? Warum stelle ich mich nur so an? Wieso gelingt es mir nicht das Positive zu sehen? Solche und ähnliche Fragen werfen wir dann auf. Dadurch fühlen wir uns nur noch schlechter.

Wir spüren, daß wir in harten Zeiten weder Ratschläge, noch kluge Belehrungen, noch billigen Pseudotrost „von der Stange" brauchen können. Sie sind vergleichbar mit dem Versuch, dürstenden Pflanzen gut zuzureden, statt ihnen einfach nur Wasser zu geben.

Wenn es etwas gibt, was wir von einem anderen Menschen in einer harten Zeit zunächst einmal brauchen, dann ist das echtes Mitgefühl, absolute Solidarität und Wertschätzung. Dies ist das, was unsere trockene Seelenpflanze letztendlich gießt. Fühlen Sie sich also bitte nicht schuldig, wenn Sie mit einem bestimmten Ratschlag nichts anfangen können, auch wenn dieser von einem ansonsten sehr intelligenten und lieben Menschen kommt.

Wahrlich, keiner ist weise, der nicht das Dunkel kennt.

Hermann Hesse

Harte Zeiten - wie wir uns fühlen und was uns hält

Das Leben und das Schicksal können uns in die Knie zwingen. Dann hören wir uns klagen und ja, oftmals hören wir uns auch schweigen.

Wir haben die Tendenz, uns zurückzuziehen. Die Nächte sind lang und oftmals erfüllt mit Ängsten und sorgenvollen Gedanken. Wir trauern, seufzen und fluchen. Wir entdecken Gefühle, von denen wir dachten, wir hätten sie nicht. Wir vermissen die Lebensfreude und unsere innere Stärke.

In harten Zeiten verdunkelt sich unsere Welt, von Innen wie von Außen. Die freundliche See unseres Lebens hat sich in ein tosendes, dunkles Meer gewandelt.

In diesem dunklen, tosenden Meer suchen wir nach etwas Halt. Wir spüren intuitiv, dass das, was wir jetzt dringend brauchen, zwei Rettungsanker sind: diese sind der Trost und die Hoffnung.

In harten Zeiten gehören Trost und Hoffnung zum Kostbarsten was wir bekommen können. Sie sind es, die uns dann halten und stützen. Wir dürsten nach ihnen, wenn es uns so richtig schlecht geht.

Unglücklicherweise kommt dieses wohltuende, uns innerlich wärmende und haltende Paar, nicht immer von alleine. Nicht selten dauert es seine Zeit bis wir eine Quelle von Trost und Hoffnung finden. Auch ist das, was den Einen damit versorgt, für den Anderen leer und wirkungslos.

Die Frage ist berechtigt, warum denn Trost und Hoffnung so kostbar sind. Eine mögliche Antwort darauf lautet, daß sie einen erloschenen Funken in unserem Inneren wieder zu einem dezenten Glühen bringen können. Dieser Funke ist die Freude am Leben. Sie ist es, die uns durch die harte Zeit abhanden gekommen ist.

Jedoch ist sie nie ganz weg, sie ruht nur und wartet darauf, dass wir sie in harten Zeiten wieder wecken und neu entzünden.

Finden wir Hoffnung und Trost, so geschieht dies und dann ist das der Moment, wo wir das Gefühl haben, zum ersten Mal wieder richtig durchatmen zu können. Wir spüren, dass sich die raue See wieder ein wenig glättet. Trost und Hoffnung sind wie Geschwister, deren Präsenz unser Leben, wenn es sich verdunkelt hat, wieder erhellen kann.

Im Folgenden werde ich beschreiben, wie wir Trost und Hoffnung in harten Zeiten finden und aufbauen können. Sie haben möglicherweise schon bemerkt, daß ich sehr gerne Bilder und Metaphern benutze, um Zusammenhänge zu verdeutlichen. Auf diese Weise würde ich nun gerne auch die Entwicklung von Trost und Hoffnung beschreiben.

Trost und Hoffnung in einer harten Zeit zu entwickeln, stelle ich mir wie das Erbauen eines Hauses mit mehreren Etagen vor. Nennen wir dieses zu erbauende Haus das Haus von Trost und Hoffnung. Im Folgenden gebe ich einen ersten kurzen Überblick über dieses Gebäude (der Bauplan) bevor ich dann im Anschluß in die Bauphase gehe.

Das Fundament des Hauses entspricht dem Bewusstsein. Damit meine ich, daß wir eingeladen sind, einen bewussten und klaren Blick auf das Leben zu werfen, wie es ist, und nicht, wie wir es möglicherweise gerne hätten.

Ist das Fundament stabil, dann kann die erste Etage anschließen und dies entspricht der Akzeptanz. Sie ist das Gegenteil von Widerstand oder Kampf und spielt beim Aufbau von Trost und Hoffnung eine ganz entscheidende Rolle.

Die zweite Etage schließlich stellt die liebevolle Präsenz eines anderen Menschen dar. Wenn wir durch eine hart Zeit gehen, kann uns ein anderer Mensch körperlich und auch mit Worten halten.
Der liebevolle Umgang mit uns selbst bildet schließlich die dritte Etage. Harte Zeiten appellieren an uns, dass wir so mit uns umgehen, als wären wir unser eigener Freund.

Nach drei Etagen bekommt unser Haus ein Dach. Wie ein echtes Dach, so besteht auch unser Dach im Bildnis aus mehreren und unterschiedlichen Elementen. Hierzu würden beispielsweise die Präsenz eines Tieres oder der Aufenthalt in der Natur zählen. Diese Dachelemente sind auch wichtig, kommen aber erst dann in optimale Entfaltung, wenn Fundament und Etagen bereits stehen. Ich lade Sie nun ein, mit mir gemeinsam dieses Haus von Trost und Hoffnung zu bauen und natürlich mit dem Fundament zu beginnen.

Sei wie ein Fels, an dem sich beständig die Wellen brechen! Er bleibt stehen, während sich rings um ihn die angeschwollenen Gewässer legen.

Das Haus von Trost und Hoffnung

Bewußtsein

Das Fundament des Hauses wird durch das Bewusstsein repräsentiert. Hiermit meine ich, dass wir eingeladen sind, bewusst darüber zu werden, was es mit unserem Leben und unserer Existenz eigentlich auf sich hat.

Wir brauchen einen ungeschönten, wahrhaftigen und klaren Blick auf das Leben, so wie es ist. Dies ist die Basis und tatsächlich fundamental.

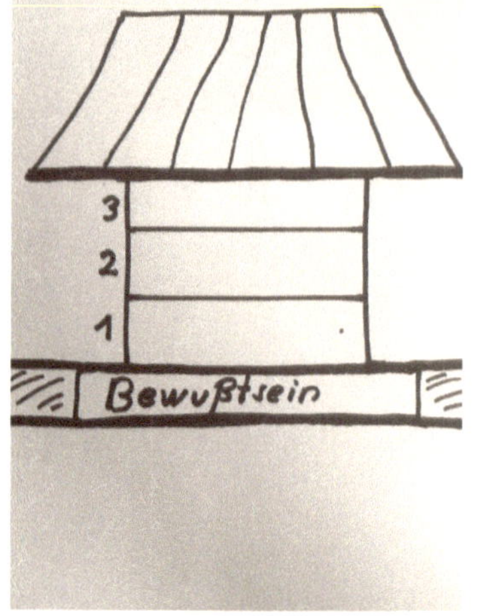

Was aber zeigt uns nun dieser wahrhaftige Blick auf das Leben? Er zeigt uns, das Leben auch Leiden ist. Jeder Mensch hat das Schicksal, neben den freudigen Zeiten auch die dunklen Seiten des Lebens zu erfahren, ob es ihm nun gefällt oder nicht.

Damit können wir hadern, wir können dagegen ankämpfen und es verfluchen, aber all das nützt nichts. Egal wie reich, gesund und schön wir sind, es wird uns nicht gelingen, dauerhaft die dunkle Seite des Lebens zu vermeiden. Wie heißt es doch so schön: Die Wahrheit über das Leben kann verleugnet werden, aber eben nicht vermieden.

Der Blick auf das Leben, so wie es wirklich ist, ist unheimlich wichtig. Unglücklicherweise wird die Klarheit dieses Blickes immer wieder getrübt: Zum einen haben wir alle die Tendenz, Unangenehmes zu verdrängen und zu verleugnen. Zum anderen ist unsere Gesellschaft auch nicht so sehr an den Themen interessiert, die harte Zeiten auslösen beziehungsweise damit zu tun haben. Krisen, Alter, Krankheit und Tod stehen nicht gerade „im Samstag Abend Programm" der Gesellschaft, in der wir alle leben. Solche Themen sind eher lästig, weil sie weder Beauty, noch Spaß, noch Geld bringen. Zudem sind sie auch noch angstbesetzt und das, wovor man Angst hat, wird eben gemieden.

So einfach ist das? Nein, so einfach ist das eben nicht, und spätestens dann, wenn uns die hohen Wellen des Lebens umzuwerfen drohen, merken wir das. Wir realisieren, wie verlogen und auch ineffektiv diese „Ich guck einfach nicht hin - Strategie“ ist. Dann sind wir dankbar für einen Menschen, der - meist durch eigenes Leid geprägt - die Tiefe, den Mut und die Empathie hat, uns wirklich wahrzunehmen und zuzuhören. Ein solcher Mensch ist wahrhaftig und besitzt das Bewusstsein, dass Unglücklichsein und Leid genauso zum Leben gehören, wie das Glücklichsein und die Freude.

Seinem Schicksal begegnen, Leid erfahren, in der Krise sein, Altern und krank werden sind keine Makel oder Fehler. Es sind keine Lecks am Boden unseres Lebensschiffes. Vielmehr sind es Notwendigkeiten und Wahrheiten der menschlichen Existenz. Sich vollkommen darüber bewusst zu sein, ist die Basis von Trost und Hoffnung, auch wenn diese Grundlage bitter oder zumindest halbbitter schmeckt.

Daraus folgt, dass wir in einer harten Zeit eine ganz normale Tragödie erfahren und nichts, was wir vermeiden könnten oder für das wir uns gar schämen müssten. Wir erleben die normale Tragik des Lebens und nicht eine Phase, die zum Ausdruck bringt, dass wir oder unser Leben nicht in Ordnung sind. Ja, wir sind in Ordnung, auch wenn wir gerade unglücklich sind. Uns dies zuzugestehen, ist etwas, das uns in einer harten Zeit halten kann.
Wenn wir wissen, dass jeder Mensch das Schicksal hat, die Dunkelheit des Lebens zu erfahren, so hat das etwas Tröstendes. Wir wissen, dass wir nicht alleine sind in unserem Leid, wir sehen, dass wir alle im selben Boot sitzen. Halten wir dies in unserem Bewusstsein, so macht uns das mitfühlender, sowohl mit uns selbst als auch mit anderen.
Es fällt schwer, Trost und Hoffnung zu entwickeln, wenn wir dauernd denken, dass das Schwere, was wir da gerade erleben, eigentlich gar nicht sein sollte. Dann sind wir im Widerstand gegen das, was ist, und was zum Leben jedes Menschen dazugehört. Widerstand kann uns niemals halten, wenn wir drohen umzufallen; das kann nur das Bewusstsein über die Wahrheit des Lebens und ich möchte hinzufügen, die Akzeptanz. Dies bringt mich zum nächsten Kapitel der ersten Etage.

Das was ist, ist.

William Shakespeare

Akzeptanz

Die erste Etage ist die Akzeptanz,
d.h. in unserer Metapher vom
Bau des Hauses von Trost und
Hoffnung wird sie direkt auf das
Bewusstsein gesetzt. Damit will
ich vermitteln, dass Akzeptanz
und Bewusstsein in dauerhaftem
Kontakt sind und in einer gewis-
sen Wechselwirkung zueinander
stehen. Das Bewusstsein fördert
die Akzeptanz und umgekehrt.

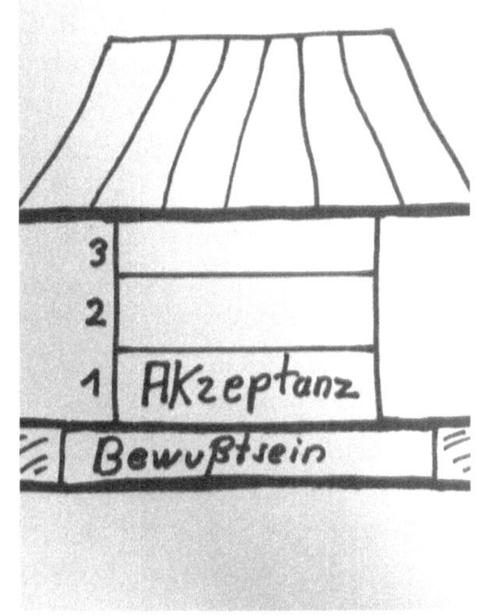

Harte Zeiten rufen uns zu, sie zu
akzeptieren. Die meisten Menschen machen die Erfahrung,
dass die Annahme und Akzeptanz
des erlebten Leides sich auf eine seltsame Art irgendwie gut und
richtig anfühlt. Dieses Gefühl trügt nicht. Annahme tut einfach
besser als Widerstand. Allerdings ist letzterer eine natürliche
Reaktion, quasi ein automatischer Abwehr-Reflex, wenn etwas in
unser Leben tritt, was wir nicht wollen. Wir sind alle eingeladen,
dieser Automatik zu widerstehen und erst einmal anzunehmen
was ist. Es macht einfach keinen Sinn, gegen etwas anzu-
kämpfen, was schon in unser Leben getreten ist.

Dies gilt auch und insbesondere für die Gefühle, die wir in harten
Zeiten verspüren. Die Annahme von Traurigkeit, Wut, Angst,
Verzweiflung und anderer unangenehmer Gefühle nimmt ihnen
oftmals die schmerzhafteste Spitze.

Dann können wir uns entscheiden, ob wir versuchen wollen, das
Leid zu wenden. Manchmal wird das möglich sein, aber oftmals
auch nicht. In diesen Fällen lädt uns die Akzeptanz ein, über sie
Trost und Hoffnung zu erfahren.

Dieser Einladung zu folgen, ist jedoch alles andere als einfach,
denn die Akzeptanz stellt sich nicht von selbst ein. Genauso
wenig können wir sie machen.

Stattdessen stellt sie sich irgendwann einmal von selbst ein, Schritt für Schritt, Stein für Stein, immer ein bisschen mehr. Bei schweren Verlusten und anderen harten Zeiten geht der Bau der ersten Etage daher nur sehr langsam voran.
Manchmal braucht es sehr viel Zeit, oftmals Jahre und viele geweinte Tränen, bis wir zu einem vollständigen oder überwiegenden inneren Ja kommen können. Bis dahin ist es wichtig, auch die Zeiten zu akzeptieren, wo uns die Akzeptanz schwer fällt oder gar nicht gelingt.
Diese „Akzeptanz der Nicht-Akzeptanz" ist da häufig sehr wohltuend und hilfreich.

Insgesamt aber geht es voran. Auch wenn es langsam geht, können wir die bereits gelegten Steinreihen sehen, auch wenn jeder gelegte Stein mit Schmerzen verbunden war.
Unsere Akzeptanz wird größer.

Mit dem Fortschritt der ersten Etage, unserer Akzeptanz, stellt sich dann auch immer mehr und mehr Trost und Hoffnung ein, das Geschwisterpaar, das uns in harten Zeiten halten kann. Nach einer langen Fahrt auf dem Meer sehen wir endlich Land.

Wie Sie, liebe Leserin, lieber Leser, die Akzeptanz-Etage am besten schaffen, dafür gibt es leider keine Patentrezepte. Jeder einzigartige Mensch muss seinen eigenen, einzigartigen Weg zur Akzeptanz finden.

Probieren Sie aus, testen Sie und erlauben Sie sich zu experimentieren. Gestatten Sie sich, sich auf einen langsamen und behutsamen inneren Such- und Findeprozess der Akzeptanz einzulassen. Fragen Sie sich möglicherweise auch, was Ihnen in früheren harten Zeiten geholfen hat zu akzeptieren und locker zu lassen. Oftmals werden Sie hier hilfreiche Antworten finden.

Die Akzeptanz beginnt häufig mit einer Entscheidung. Wenn wir uns dazu entscheiden, das zu akzeptieren, was uns erschüttert und verunsichert hat, so begeben wir uns auf einen aussichtsreichen Weg. Wir legen damit quasi die erste Steinreihe der Akzeptanz-Etage.

Wenn wir etwas verloren haben, was uns so sehr lieb war, ist es nicht einfach, sich zu dieser Entscheidung durchzuringen. Es ist sogar sehr schwer. Da dies eine intensive innere Arbeit ist, dürfen wir hier nicht zu viel von uns verlangen. Manchmal hilft es zu sagen: Nur heute will ich annehmen, was mich belastet. Nur heute entscheide ich mich für die Annahme dessen, was mich so erschüttert hat. Am nächsten Tag und an den folgenden Tagen verfahren Sie dann auf ähnliche Weise. Wenn dann ein Tag ist, an dem Sie sich nicht für die Akzeptanz entscheiden können, dann ist das auch in Ordnung. Machen Sie dann quasi einen Baustop.

Sie brauchen auch keine Entscheidung für lange Zeit zu treffen. Es reicht, wenn Sie sich von Tag zu Tag für die Akzeptanz entscheiden und manchmal eben auch dagegen. Jeder Tag aber, an dem Sie es schaffen, sich für die Akzeptanz zu entscheiden, ist ein Tag, der das Potenzial hat, ähnliche Tage nach sich zu ziehen. Dabei hilft Ihnen sicherlich das Fundament, das Bewusstsein. Wenn wir uns darüber bewusst sind, was unsere Existenz ausmacht, so ist das für die Entscheidung zur Akzeptanz häufig hilfreich. Das Bewusstsein verhält sich wie der Wind in den Segeln der Akzeptanz.

Konkret hilft Ihnen möglicherweise auch das wiederholte Durchlesen und Verinnerlichen von zwei Texten. Hierbei handelt es sich zum einen um das bekannte Gelassenheitsgebet und zum anderen um das Manifest der Endlichkeit. Umseitig finden Sie diese beiden Akzeptanzhelfer.

Das Gelassenheitsgebet

„Gott, gib mir die Gelassenheit, Dinge hinzunehmen, die ich nicht ändern kann, den Mut, Dinge zu ändern, die ich ändern kann, und die Weisheit, das eine vom anderen zu unterscheiden."

Das Manifest der Endlichkeit

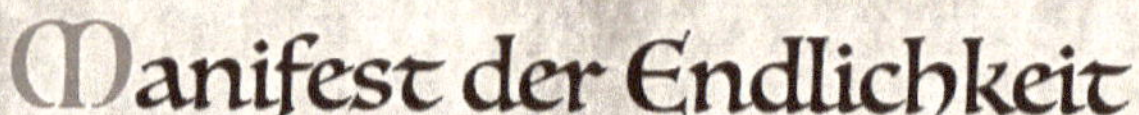

Wenn wir uns für die Akzeptanz und gegen den Widerstand entscheiden, so geht unser Hausbau voran. Bedenken Sie bitte, dass dauerhafter Widerstand einen hohen Preis hat.

Dauernder, über Jahre anhaltender Widerstand kosten uns eine enorme Kraft und ist die Eintrittspforte für so manches Übel. Dies fängt bei der Verbitterung an und hört bei der Depression auf.

Mit unserer Entscheidung für die Akzeptanz und gegen den Widerstand, bekommen wir dann schrittweise die Energie zurück, die vorher in unserem Widerstand gebunden war.

Je mehr wir es schaffen zu akzeptieren, umso mehr spüren wir, wie sich langsam die Funken von Trost und Hoffnung in unserer Seele entzünden, die uns den ersehnten Halt in einer harten Zeit geben können.

Über die Vermittlung von Wissen vergessen wir jenes Lehren, das für die menschliche Entwicklung am wichtigsten ist: jenes Lehren, das nur durch die einfache Gegenwart eines reifen und lieben Menschen gegeben werden kann.

Erich Fromm

Die liebevolle Präsenz eines anderen Menschen

Wir sind mitten im Bau des
Hauses, das uns halten kann
wenn die Zeiten hart sind.
Das Fundament des Bewusst-
seins und die erste Etage der
Akzeptanz stehen bereits. Sie
sind die Basis dafür, harte Zeiten
gut zu überstehen. Nun ist es an
der Zeit, die zweite Etage zu erbauen und damit eine weitere
Quelle von Trost und Hoffnung
zu schaffen.

Hierbei handelt es sich um die
liebevolle Präsenz eines anderen Menschen, der uns in den
Arm nehmen kann. Haben wir
nicht nur einen, sondern mehrere solche Menschen in harten
Zeiten, so ist dies ein wahrer Segen. Dabei kann das
beschriebene in den Arm nehmen nicht nur physisch, sondern
auch mit Worten geschehen.

Das wortwörtliche in den Arm nehmen bedarf wohl keiner intensiven weiteren Erläuterung. Es tut einfach gut, in den Arm
genommen zu werden und spendet einen hilfreichen Trost.

Allerdings können wir uns in harten Zeiten auch über ein
Gespräch umarmt fühlen. Dies geschieht, wenn uns jemand auf
mitfühlende Weise zuhört, ohne zu unterbrechen und ohne zu
urteilen oder zu verurteilen. Dieser Jemand kann beispielsweise
unser Partner, eine Freundin, Vater oder Mutter sowie ein Coach
oder Therapeut sein. Wenn dies - aus welchen Gründen auch
immer - nicht funktioniert, so gibt es dennoch immer Hilfe durch
ein menschliches Gegenüber: kostenlose und schnelle Hilfe in
einer akuten Krise kannst Sie auch bei den Stellen erhalten, die
im Anhang abgedruckt sind. Bitte scheuen Sie sich nicht davor,
Hilfe zu holen, wenn Sie merken, dass die harte Zeit über Ihre
Kräfte geht und Sie überfordert.

Wann aber fühlen wir uns über ein Gespräch umarmt? Diese Frage ist leicht zu beantworten. Dies tun wir dann, wenn unser Gegenüber

-       uns zuhört, ohne zu rasch mit einem Ratschlag zu antworten
-       uns dabei hilft, das Unsägliche auszudrücken
-       unser Schweigen, Fluchen und Weinen aushält
-       seine eigene Ratlosigkeit akzeptiert
-       an uns glaubt, uns ermuntert und für uns hofft
-       unser Leid und die damit verbundene Leistung würdigt
-       uns von seinen eigenen harten Zeiten erzählt

Manchmal hilft es auch, die Erfahrung zu machen, dass unser Gegenüber einfach irgendetwas für uns tut, um uns unser Leben zu erleichtern.

Wenn der Mensch, mit dem wir sprechen eine solche liebevolle Präsenz nicht von sich aus geben kann, so können wir ihm möglicherweise dabei helfen. Wir dürfen sagen, wie er uns verbal umarmen kann und was da eher nicht hilfreich ist. Wenn unser Gegenüber das dann immer noch nicht kann, so sind wir aufgefordert, an einer weiteren Tür zu klopfen. Häufig sind in Gesprächen die Menschen am hilfreichsten, die bereits durch ähnlich harte Zeiten gegangen sind.

Wir Menschen brauchen uns gegenseitig, denn wir sind uns wechselseitig eine wunderbare potenzielle Quelle von Trost und Hoffnung. Das Internet und die sozialen Medien können ein echtes, greifbares, menschliches Gegenüber aus Fleisch und Blut nicht ersetzen.

Wenn Ihnen ein solcher Mensch fehlt, dann können Sie auch einmal über den Anschluß an eine Selbsthilfe- oder Gesprächsgruppe nachdenken. Diese gibt es zu jedem erdenklichen Thema und bringt Sie mit Menschen zusammen, die aufgrund von eigener Betroffenheit ganz sicher eine Quelle von Halt sein können.

Die wichtigste Beziehung, die du in deinem Leben führen wirst, ist die mit dir selbst.

Unbekannt

Der fürsorgliche Umgang mit uns selbst.

Die dritte Etage führt uns zu uns selbst zurück. Harte Zeiten fordern uns auf, gut mit uns selbst umzugehen. Hiermit ist erst einmal eine hilfreiche Art und Weise gemeint, wie wir selbst innerlich mit uns sprechen. Auch bewusst Dinge zu tun, die uns gut tun, fallen in diese Kategorie. Selbstfürsorge ist ein Begriff, den ich in diesem Zusammenhang gerne nenne.

Manche Autoren, Coaches und Therapeuten benutzen aber eher und lieber den Begriff der Selbstliebe.

Ich persönlich mag diesen

Begriff nicht (mehr) besonders. Dies hat zum einen damit zu tun, dass die meisten Menschen schon Schwierigkeiten dabei haben, sich überhaupt so zu akzeptieren wie sie sind. Sich selbst nicht nur zu akzeptieren, sondern sogar zu lieben, klingt zwar theoretisch gut, ist aber meiner Erfahrung nach praxisfern.

Daher glaube ich, dass das Ausstellen einer Rechnung, die auf „Liebe dich selbst" lautet, von den meisten nicht beglichen werden kann, zumindest nicht dauerhaft. Hier wird einfach zu viel abverlangt.

Dies führt dann typischerweise wieder zu Defiziterleben: „Verdammt, jetzt habe ich schon vier Bücher über Selbstliebe gelesen und ich tue es immer noch nicht. Ich bin aber auch ein….".

Auf diese Weise führt dann der gut gemeinte Rat sich selbst zu lieben, zu genau dem Gegenteil. Das Kind wird mit dem Bade ausgeschüttet.

Im Gegensatz dazu ist der Appell nach Selbstfürsorge deutlich realistischer und erfolgreicher. Wir können auch dann gut für uns sorgen, wenn wir noch nicht so ganz im Reinen mit uns sind.

Ich vergleiche das gerne mit Menschen, die im Service bzw. in der Dienstleistung arbeiten. Sie bedienen ja auch Menschen, die sie nicht oder nur wenig mögen. Fürsorge kann also von Liebe entkoppelt werden, und dies ist auch gut so.

Gut mit sich umzugehen, also praktizierte Selbstfürsorge auszu-üben, ist zu jeder Zeit in unserem Leben wichtig. In Zeiten, die drohen uns umzuwerfen, aber umso wichtiger. Das Erbauen der dritten Etage führt uns also zu uns selbst zurück.

Bei körperlichem Leid zweifelt niemand an der Wichtigkeit von Schonung und Fürsorge. Anders bei psychischem Leid: Hier muß immer wieder besonders und explizit erklärt werden, dass dies bei seelischem Unbehagen mindestens genauso wichtig ist. Ein schonendes und fürsorgliches Verhalten sich selbst gegenüber fühlt sich allerdings für viele Menschen erst einmal irgendwie komisch und fremd an.

Wir sind es nicht gewohnt, gut für uns selbst zu sorgen.
Wir denken möglicherweise, dass dies egozentrisch oder egois-tisch sei.

Viele setzen ein selbstfürsorgliches und selbstschonendes Ver-halten auch mit einer Art „Warmduscherei" oder Verweichlichung gleich.
Dies gilt umso mehr, wenn wir unser Leid mit dem angeblich viel größeren Leid von anderen vergleichen. Häufig sagen wir uns dann, dass wir uns doch nicht so anstellen sollen, weil Herr Müller und Frau Meier ja ein noch viel härteres Schicksal ertra-gen müssen. Diese Gedanken führen in die Irre, denn Leid ist nicht objektivierbar. Jeder Mensch leidet anders und jeder hat ein Recht darauf, auf seine einzigartige Art zu leiden.

Besonders Männer haben es hier schwer. Über Erziehung und Gesellschaft wurde uns eingeredet, daß Härte gegen sich selbst und die jederzeitige Kontrolle der Gefühle zum Mann sein gehören und sexy ist. Es ist höchste Zeit, sich von solchen irren Gedankenkonzepten zu verabschieden. Glücklicherweise beobachte ich bei den heutigen jungen Männern tendenziell eine Veränderung in einer wünschenswerteren Richtung.

Ein fürsorglicher und schonender Umgang mit uns selbst beginnt mit der Art und Weise wie wir selbst mit uns sprechen. Ja, tatsächlich findet in unserem Kopf ein ständiger Selbstdialog statt. Vielleicht kennst du ja solche inneren Dialoge wie beispielsweise:

- „Stell dich jetzt nicht so an."
- „Paß jetzt bloß auf."
- „Da mußt du jetzt durch."
- „Schau bloß, dass es dir schnell wieder besser geht."

Diese wenigen Beispiele zeigen, daß die Art, wie wir selbst mit uns innerlich sprechen, häufig alles andere als selbstfürsorglich und schonend ist. In harten Zeiten trifft das nur noch mehr zu. Oftmals sind die inneren Dialoge dann noch selbstkritischer und selbstdestruktiver. Viele Menschen verurteilen sich aufs Härteste dafür, dass es ihnen schlecht geht und dass sie gerade durch eine harte Zeit gehen.

So entsteht doppeltes Leid: Einmal durch die leidvolle Erfahrung (Verlusterfahrung, Krankheit etc.) per se und zum anderen durch die Art und Weise, wie wir mit uns selbst in dieser harten Zeit umgehen und sprechen.

Wir sind eingeladen, nicht in diese allzu übliche Falle zu tappen. Stattdessen sollten wir uns innerlich sagen:
- „Ich darf mich jetzt krank und leer fühlen."
- „Ich darf jetzt traurig sein."
- „Ich darf jetzt Angst haben."
- „Es ist ok, dass ich im Moment nicht sofort eine Lösung habe."
- „Es ist ok, wenn ich im Augenblick nicht funktioniere."
- „Es ist in Ordnung, wenn es innerlich weh tut."

Ein solcher Selbstdialog ist kein praktiziertes Selbstmitleid, wie so mancher denken könnte.
Selbstmitleid ist ein übertriebenes Bedauern und Beklagen der eigenen Situation. Ein selbstfreundlicher und selbstfürsorglicher Dialog mit sich selbst ist weit davon entfernt. Er ist Ausdruck eines liebevollen Umgangs mit sich selbst und hilft uns zu einer konstruktiven Problembetrachtung. In harten Zeiten sollten wir so

mit uns reden, wie wir auch mit einer guten Freundin reden würden:

„Och Mensch, da hast du es aber gerade schwer. Das tut mir leid
und ich finde, dass du das echt nicht verdient hast. Weine ruhig,
und lass es raus. Ich kann mir vorstellen, dass dies schwer
auszuhalten ist. Du darfst jetzt gut zu dir sein, und sei dir sicher,
ich bin für dich da."

Gerne dürfen wir uns - wie in diesem Beispiel dargestellt - auch
selbst mit Du ansprechen. Die psychologische Forschung konnte
sogar eindeutig nachweisen, dass Selbstgespräche, die in dieser
Form geführt werden, sogar noch wirksamer sind. Verstärken
können wir diesen Effekt zusätzlich, wenn wir uns so berühren,
wie es ein guter Freund beim Trösten tun würde: Eine Hand auf
die Schulter legen, über den Arm streicheln oder ähnliches.

Wir dürfen uns gestatten, uns selbst in den Arm zu nehmen,
sowohl mit Worten, als auch mit körperlichen Gesten. Das hält
uns, wenn die Stürme des Lebens unser Gleichgewicht heraus-
fordern.

Es ist nicht genug zu wissen – man muss auch anwenden. Es ist nicht genug zu wollen – man muss auch tun.

Goethe

Praktizierte Selbstfürsorge

Selbstfürsorge kann zwar die inneren Schmerzen nicht beseitigen, aber sie kann ihnen die Spitze nehmen: Der mit der Krise
verbundene Stress läßt nach. Traurigkeit und Niedergeschlagenheit schmerzen nicht mehr gar so sehr. Dies tritt allerdings nur
dann ein, wenn die Selbstfürsorge nicht nur bedacht und gewollt
ist, sondern tatsächlich auch praktiziert wird. Theoretische Selbstfürsorge bleibt wirkungslos. Praktisch angewandt aber, gibt sie
uns Trost und Hoffnung.
Endlich können wir hoffen, dass auch diese Nacht einmal endet.
Endlich können wir darauf hoffen, dass es Licht am Ende des
Tunnels geben könnte.

Ein fürsorglicher Umgang mit uns selbst gehört zu den kostbarsten und wichtigsten Kompetenzen, die wir in unserem Leben
in die Entfaltung bringen können.

Praktizierte Selbstfürsorge ist die beste Prophylaxe gegen seelisches Leid und gleichzeitig ein starkes Heilmittel dagegen.
Menschen, die seelisch leiden, verfügen zumeist über einen
gemeinsamen Nenner und dieser heisst mangelnde Selbstfürsorge. Dafür gibt es unterschiedliche Gründe, jedoch müssen wir
diese nicht erst herausfinden, bevor wir damit beginnen können,
gut zu uns selbst zu sein.

Sicherlich kann es hilfreich sein, den Spuren nachzugehen, die
zur Quelle der Unachtsamkeit mit uns selbst führen. Vielleicht
können wir alleine diesen Weg gehen. Möglicherweise brauchen
wir dafür aber auch die Unterstützung eines professionellen
Helfers. Wenn dem so ist, dann brauchen Sie sich nicht dafür zu
schämen, diese Unterstützung auch einzufordern und in
Anspruch zu nehmen. Ganz im Gegenteil, seien Sie in so einem
Fall ruhig stolz darauf, dass Sie den Mut und die Kraft haben, in
die Untiefen Ihrer Seele einzutauchen.

Ein fürsorglicher Umgang mit uns selbst bedeutet aber auch, unsere inneren Akkus, die sich in der harten Zeit geleert haben,
wieder zu füllen. Dies schaffen wir, indem wir die Aufmerksamkeit
nach und nach auf das lenken, was uns aus Erfahrung gut tut.
Bei dem Einen ist dieses die Intimität mit dem Partner, während

es bei dem Anderen das Joggen oder das gute Essen ist. Wieder andere Menschen profitieren in harten Zeiten besonders durch moderate Gesellschaft, die Ausübung eines Hobbys oder durch einen guten Film.

Auch die liebevolle Präsenz eines Tieres kann hier sehr unterstützen. Das Schmusen mit und die Aufmerksamkeit von einem Tier kann so wohltuend sein. Hinzu kommt, das unsere Tiere häufig spüren, wenn es uns nicht gut geht. Sie suchen dann unsere Nähe, um uns zu trösten. Wenn Sie selbst kein Tier haben, so trauen Sie sich ruhig einmal ein Tierheim zu besuchen. Dort sucht man häufig nach Unterstützern und „professionellen Gassi-Gehern".

Viele Menschen erfahren Trost und Hoffnung auch über Musik, Naturerfahrungen und die Stille.
Unsere Welt ist hektisch, informationsüberladend, ablenkend laut und damit ein Risikofaktor für unsere Gesundheit und unseren Seelenfrieden. Niemand kann im Korsett des Getöses und der Permanentanforderungen Trost erfahren und Hoffnung schöpfen. Wir dürfen, ja, wir müssen, etwas dagegen setzen, wenn es uns (wieder) gut gehen soll. Bewusstes Hören von wohltuender Musik, der Aufenthalt im Wald (das sogenannte Waldbaden) und das Eintauchen in die Stille helfen uns dabei tatsächlich wieder bei uns selbst anzukommen. Wenn Sie dann weinen müssen, so lassen sie dies bitte zu, auch wenn Sie ein Mann sind. Lassen Sie die Tränen Ihre Seele heilen. Gestatten Sie sich, bei sich selbst anzukommen. Schließen Sie Frieden mit sich.

Auch harte Zeiten machen allerdings einmal eine Pause. Es wird auch immer wieder Zeiten geben, wo wir das Schwere nicht so deutlich spürbar ist. Wir sind aufgefordert, diese Pausen zu nutzen, um einfach wieder einmal albern zu sein oder ganz bewusst zu genießen. Auch können wir diese Unterbrechungen nutzen, um uns darüber bewusst zu werden, wofür wir trotz der harten Zeit in unserem Leben dankbar sind.
Die Lenkung unserer Aufmerksamkeit auf alles, was uns gut tut, füllt unsere leeren Akkus auf und entspricht einer aktiven und praktizierten Selbstfürsorge. Sie lässt unser, von der harten Zeit geschundenes Seelenschiff, in den Hafen einfahren, wo es Trost und Hoffnung findet.

Wir denken selten an das, was wir haben, aber immer an das, was uns fehlt.

Arthur Schopenhauer

Das Dach

Unser Haus imponiert nun mit drei erbauten Etagen. Jetzt ist es an der Zeit, sich dem Dach zu widmen.

Bei einigen Menschen ist es dieses Dach, das die Funken von Trost und Hoffnung zum Überspringen bringt. Für andere bewirkt das Dach eine wunderbare Stabilisierung dessen, was bereits erreicht wurde.

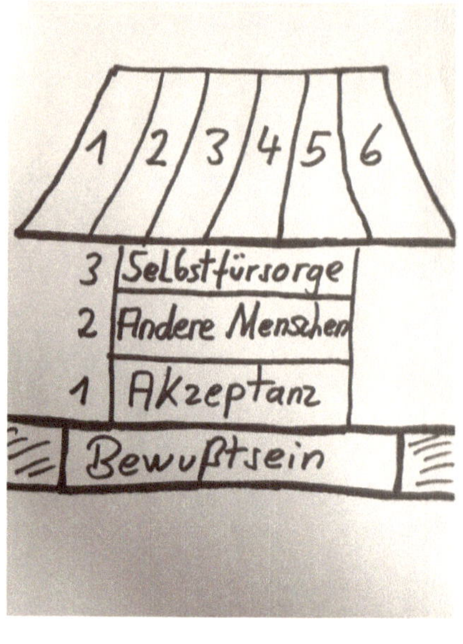

Wie wir alle wissen, besteht ein Dach aus vielen einzelnen Elementen und nicht einfach nur aus Steinen. Da gibt es Dachlatten, Sparren, Pfetten, Schalungen und vieles mehr. So ist es auch bei unserem Haus von Trost und Hoffnung: Verschiedene Elemente können sein Dach bilden, wobei ich hier einmal von sechs an der Zahl ausgehen möchte (1 bis 6 im Hausdach des Bildes).

Erstes Dachelement: Vertrauen in uns selbst

Das erste Dachelement entspricht dem Vertrauen in uns selbst. Das, was ein Mensch in einer harten Zeit durchmacht, ist sicherlich nicht die erste Erfahrung in dieser Hinsicht. Wir dürfen uns wieder einen Blick zurück erlauben. Was hat uns in früheren Zeiten, in früheren Krisen geholfen? Was oder wer war damals für uns hilfreich? An diese Erfahrungen können wir heute andocken, was trotz aller Zweifel und Leiden unser Vertrauen in uns selbst stärken kann.

Wir sind Bewältiger von harten Zeiten, auch wenn es uns nicht bewusst ist. Die überstandenen harten Zeiten beweisen es uns jedoch ohne jeden Zweifel. Sich absolut bewusst zu machen, was wir schon alles geschafft und überwunden haben, stärkt unser Selbstvertrauen. Dies kann die Funken von Trost und Hoffnung weiter glühen lassen.

Zweites Dachelement: Das Gebet
Vielen Menschen hilft es in harten Zeiten, wenn sie beten. Die innere Welt, die sich beim Gebet öffnen kann, ist dazu in der Lage, viel Trost und Hoffnung zu schenken. Das Gebet ist von daher ganz sicher ein Dachelement unseres Hauses. Was im Gebet geschieht, kann sicherlich niemand definitiv sagen. Viele Menschen berichten davon, dass Sie die Nähe einer liebevollen Präsenz spüren können, wenn sie sich im Gebet vertiefen und dabei nach Innen lauschen. Dieses Spüren der liebevollen Präsenz ist für sie das Fühlen der Nähe Gottes, die tröstet und Hoffnung gibt.

Wenn Sie noch nie gebetet haben, jedoch offen dafür sind, so lädt Sie die harte Zeit möglicherweise ein, es ruhig einmal zu versuchen. Allerdings brauchen Sie dafür Ruhe. Suchen Sie diese in einer Kapelle, einer Kirche, in einem Wald oder wo auch immer Sie glauben, diese Ruhe finden zu können.

Erzählen Sie dann Gott oder wer auch immer diese liebevolle Präsenz für Sie sein mag, von Ihren Sorgen, Ängsten und Schmerzen. Bitten Sie schließlich um Hilfe, Unterstützung und Halt.
Dann ist es wichtig, nach Innen zu lauschen und sich der Erfahrung und den Empfindungen zu öffnen, die sich möglicherweise einstellen.
Möglicherweise spüren Sie aber - selbst nach wiederholten Versuchen - gar nichts oder Sie merken aus anderen Gründen, dass beten einfach nichts für Sie ist. Logischerweise können Sie in so einem Fall daraus auch weder Trost noch Hoffnung schöpfen. Möglicherweise hilft es Ihnen aber dann, wenn Sie wissen, dass ein anderer für Sie beten wird und bei der Gelegenheit vielleicht zusätzlich auch noch eine Kerze für Sie anzünden wird.

Menschen, die gläubig sind, fangen häufig in einer harten Zeit an zu zweifeln. Warum mutet Gott mir das zu und warum läßt er überhaupt so viel Leid zu? Solche und ähnliche Fragen treiben diese Menschen dann um.

Auf diese Fragen gibt es keine eindeutigen Antworten. Allerdings können wir darauf hoffen, diese irgendwann einmal zu bekommen. Diese Hoffnung ist berechtigt, denn oftmals wird uns ja im Nachhinein klar, wozu eine harte Zeit in unserem Leben gut war. Dazu später mehr.

Drittes Dachelement: Geschriebene Worte, Kreativität und Rituale
Das geschriebene Wort ist ein weiteres Dachelement auf unserem Haus von Trost und Hoffnung. Wir sind eingeladen, ein Buch das uns erhebt und tröstet, in die Hand zu nehmen. In harten Zeiten helfen häufig die Bücher von Leidensgenossen, also von solchen Menschen, die eine ähnliche Erfahrung gemacht haben wie wir.

Allerdings müssen wir der Versuchung widerstehen es genauso wie der jeweilige Autor machen zu wollen. Jeder Mensch ist einzigartig und das, was für andere passt, muß für uns überhaupt nicht zutreffen.

Das geschriebene Wort ist besonders hilfreich, wenn wir selbst diejenigen sind, die schreiben.

Gestatten Sie sich Ihr Erleben und Befinden in geschriebenen Worten wiederzugeben (z.B. in Form eines Tagebuchs oder kleinen Gedichten). Wenn wir unsere Gedanken und Gefühle in geschriebene Sätze kleiden, so wird der Kopf frei. Das innere Erleben irgendwie nach außen zu bringen ist wichtig. Auch die Erstellung von Bildern, Cartoons, kleinen Zeichnungen oder Formen (z.B. aus Ton) und Symbole zählen in diese Kategorie. Trost und Hoffnung lässt sich sehr gut über Kreativität erfahren. Wenn wir etwas erstellen oder haben, dass wir in Händen halten können, so ist dies sehr wohltuend. Ähnlich verhält es sich mit Ritualen und wiederholten Abläufen:
-machen Sie täglich ein bis zwei körperliche Übungen, die Ihnen gut tun
-gehen Sie täglich an die frische Luft
-schließen Sie den Tag mit dem Anzünden einer Kerze oder einem anderen Ritual

Viertes Dachelement: Andere Begleiter

Menschen oder Tiere, die uns in harten Zeiten begleiten, sind ungemein hilfreich, wie ich weiter oben bereits dargestellt habe. Manchmal helfen aber auch andere Begleiter, wie ein Bild, ein Foto, ein Gedicht, ein Symbol oder ähnliches, auf denen wir immer wieder unseren Blick ruhen lassen können. Sie bilden ein weiteres Dachelement, denn auch diese „unlebendigen Begleiter" können uns trösten, je nachdem welche Gedanken wir mit ihnen verbinden.

Ein Begleiter durch die harte Zeit könnte aber auch ein Plan sein. Wenn es uns schlecht geht, dann fällt es uns schwerer unseren Alltag zu organisieren. Hier hilft ein Alltagsplan, was wann zu tun ist. Nützt auch ein Plan nichts, dann dürfen wir das als Feedback bewerten, dass jetzt eine Auszeit ansteht bzw. sich im Alltag von jemandem helfen zu lassen. Aufgaben abzugeben und sich unterstützen zu lassen, ist in einer harten Zeit sehr wichtig.

Fünftes Dachelement: Das Erahnen der Chance

Wenn wir durch eine harte Zeit gehen, dann ist es nahezu unmöglich für uns, darin etwas Positives zu erkennen. Wenn aber die Zeit vergeht und die Lebensfreude durch Trost und Hoffnung ein wenig zurückkehrt, so ändert sich das manchmal.

Möglicherweise gelingt es uns dann - zumindest ein wenig - die Chance zu erahnen, die uns die harte Zeit bieten könnte. Dies kann dann weiteren Trost und weitere Hoffnung spenden.

Die Zweideutigkeit einer harten Zeit oder Krise wird sehr schön über das Wei Ji verdeutlicht:

Das chinesische Wei Ji ist das Schriftzeichen für Krise und besteht aus zwei Teilen: der eine (erste) Teil symbolisiert Gefahr (Wei), der andere Gelegenheit bzw. Chance (Ji).

Dies bedeutet, daß harte Zeiten gefährliche Chancen darstellen (Wei Ji). Eine harte Zeit ist daher beides: einerseits gefährlich, weil es uns so schlecht geht und andererseits eine Gelegenheit, weil sich daraus etwas Gutes für unser Leben ergeben kann.

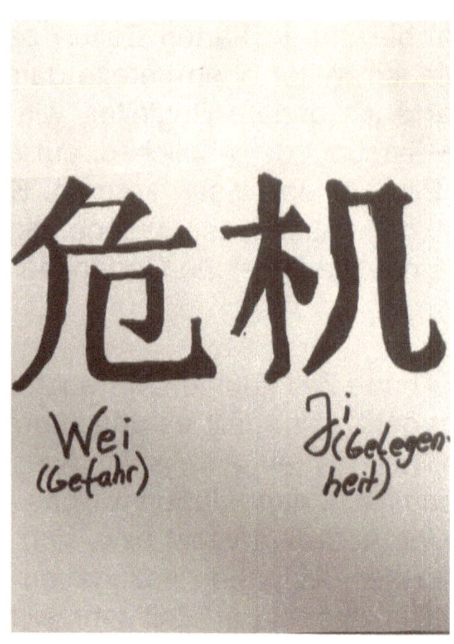

Das Gute zeigt sich unglücklicherweise erst dann deutlicher, wenn die harte Zeit bereits lange vorbei ist oder sich dem Ende nähert. Das „Gute am Schlechten" wird damit sozusagen nur mit Zeitverzögerung erkennbar:

> Wir erkennen, daß wir durch die harte Zeit an Weisheit gewonnen haben.

> Wir stellen fest, daß wir durch die harte Zeit Fähigkeiten erworben haben, die wir vorher nicht hatten.

> Wir verstehen, daß wir durch die harte Zeit etwas gelernt haben, was für unser Leben wichtig ist.

> Wir stellen fest, daß wir durch die harte Zeit mitfühlender geworden sind, sowohl mit uns selbst, als auch mit anderen.

> Wir erkennen die Chancen, die sich durch die harte Zeit ergeben haben.

So schön das auch klingen mag, es ist nicht immer so. Manchmal gelingt es uns auch weit im Nachhinein nicht, das Gute am

Schlechten zu erkennen. Oftmals hilft dann aber ein Gespräch mit einem Menschen, der aus einer neutraleren Position heraus einen klareren Blick hat. In seltenen Fällen wird es weder dem Betroffenen noch anderen gelingen, etwas Positives an der vergangenen harten Zeit zu erkennen. Dann bleibt es ein Mysterium. Nach meiner Erfahrung sind das aber wirklich nur die aller seltensten Fälle.

Können wir uns für die Vorstellung öffnen, können wir möglicherweise erahnen, dass aus unserer harten Zeit einmal irgendetwas Positives erwachsen könnte? Können wir uns im Entferntesten vorstellen, dass wir durch die harte Zeit auch etwas gewinnen könnten? Können wir dem Gedanken etwas abgewinnen, dass die harte Zeit eine „regulierende Katastrophe" zu etwas Gutem sein könnte? Könnte die harte Zeit eine Chance sein, uns endlich von einem überholten Lebensentwurf, dem wir entwachsen sind, zu lösen?

Wenn wir uns erlauben, uns auch nur ein wenig auf solche Fragen einzulassen, so werden wir oftmals mit ein wenig Trost und Hoffnung belohnt. Wenn wir die harte Zeit schon nicht vermeiden können, so spricht vieles dafür, sie zumindest als Chance zu nutzen. Die obigen Fragen helfen uns dabei.

Sechstes Dachelement: Resilienz durch harte Zeiten - eine spezielle Chance

Resilienz bedeutet die Fähigkeit zu haben, schwierige Situationen im Leben ohne anhaltende Beeinträchtigung zu überstehen. Der Begriff ließe sich also am Besten mit psychischer Widerstandskraft oder innerer Stärke übersetzen.

Die Forschung konnte mittlerweile eindeutig nachweisen, dass Resilienz nicht durch ein problem- und krisenfreies Leben entsteht. Ganz im Gegenteil, wir werden innerlich stark durch überwundene harte Zeiten. Möglicherweise gibt uns dies auch ein wenig Trost und Hoffnung: uns bewusst zu sein, dass die harte Zeit, durch die wir gerade gehen, eine ganz spezielle Chance bietet, nämlich innerlich stärker (resilienter) zu werden.

Allerdings muss ich hier hinzufügen, dass wir nicht auf die nächste harte Zeit warten müssen um an Resilienz zu gewinnen.

Innere Stärke lässt sich auch bewusst und in stressfreien Zeiten trainieren.

Hierzu eignen sich Seminare, Beratungen oder Bücher, die die Resilienz zum Thema haben. Mein Buch „Strong" (Titel in Anlehnung an die innere Stärke) widmet sich der Resilienz Entwicklung auf intensive Art und Weise.

Zur Resilienz gibt es mittlerweile viele Bücher, die oftmals unterschiedliche Akzente setzen. Mein Ziel war und ist es, dieses Thema mit Tiefgründigkeit anzugehen. Bei Interesse finden Sie es sowohl als Ebook als auch in Print-Format auf www.amazon.de.

Das Leben ist eine Herausforderung..... begegne ihr.
Das Leben ist ein Geschenk, nimm es an.
Das Leben ist ein Abenteuer.....wage es.
Das Leben ist Kummer....überwinde ihn.
Das Leben ist eine Tragödie.....tritt ihr entgegen.
Das Leben ist eine Pflicht.....erfülle sie.
Das Leben ist ein Spiel.....beteilige dich an ihm.
Das Leben ist ein Geheimnis.....lüfte es.
Das Leben ist ein Lied.....singe es.
Das Leben ist eine Gelegenheit.....ergreife sie.
Das Leben ist eine Reise.....mache sie bis zum Ende.
Das Leben ist ein Versprechen..... halte es.
Das Leben ist Schönheit.....preise sie.
Das Leben ist ein Kampf.....stelle dich ihm.
Das Leben ist ein Ziel.....erreiche es.
Das Leben ist ein Rätsel.....löse es.

Autor: unbekannt

Einzug

Das Dach steht. Das Haus von Trost und Hoffnung ist erbaut. Wie bei einem echten Haus werden Sie, liebe Leserin, lieber Leser, manche Etagen und Elemente mehr mögen und nutzen als andere. Ich hoffe und wünsche mir, dass Sie in dieses Haus von Trost und Hoffnung dauerhaft einziehen können, so dass Sie, egal wie hart die Zeiten auch sind, immer das finden können, was Sie halten kann. In so ein Haus können und dürfen Sie auch immer wieder jemanden einladen. Mit anderen Worten, geben Sie ruhig weiter was Sie gelernt haben.

Zusammenfassung

Es gibt vieles was in harten Zeiten halten kann. Da jeder Mensch anders ist, helfen unterschiedlichen Menschen unterschiedliche Dinge. Die umseitige Zusammenfassung soll Sie daran erinnern was hilfreich sein kann, so dass Sie für sich besser auswählen können, was Sie wann anwenden wollen. Ich habe die einzelnen Punkte jeweils mit einem Smiley versehen um das Positive dieser Strategien herauszustellen.

Zusammenfassung was in harten Zeiten halten kann

☺ Dumme Ratschläge ignorieren.

☺ Bewusste Entscheidung zur Akzeptanz - NUR HEUTE.

☺ Die mit der harten Zeit einhergehenden unangenehmen Gefühle annehmen.

☺ Die Akzeptanzhelfer in Form von Gelassenheitsgebet und Manifest der Akzeptanz wiederholt durchlesen und verinnerlichen.

☺ Sich der Kosten des inneren Widerstandes bewußt sein.

☺ Sich in den Arm nehmen lassen (physisch und mit Worten).

☺ Die liebevolle Präsenz eines anderen Menschen suchen.

☺ Sich helfen und unterstützen lassen, Aufgaben abgeben, sich schonen, Alltagsplan erstellen.

☺ Teilnahme an einer Selbsthilfe- oder Gesprächsgruppe.

☺ Tröstend, freundlich und fürsorglich mit sich selbst sprechen und umgehen.

☺ Aufmerksamkeit auf das lenken, was aus Erfahrung gut tut (z.B. Hobbys, moderate Gesellschaft, Intimität mit Partner, Sport, gutes Essen, Präsenz eines Tieres, Musik, Natur, Stille).

😊 Die Erfahrung aus bereits überwundenen harten Zeiten nutzen. Sich der Überwindung vergangener Krisen bewußt sein.

😊 Das Gebet.

😊 Ein tröstendes Buch lesen.

😊 Tagebuch, kleine Texte oder Gedichte schreiben.

😊 Erstellung von Bildern, Cartoons und kleinen Zeichnungen.

😊 Erstellung von Formen und Symbolen (z.B. aus Ton).

😊 Rituale und wiederholte Abläufe durchführen (z.B. Kerze am Abend).

😊 Begleiter nutzen (z.B. Fotos, Bilder, Gedichte, Symbole).

😊 Die Chance erahnen, die in der harten Zeit liegen könnte (Wei Ji).

😊 Bewusstsein darüber, dass innere Stärke (Resilienz) durch harte Zeiten entsteht.

😊 Sich darüber bewußt sein, dass es immer Hilfe gibt (siehe Anhang). Diese Hilfe nutzen, wenn die harte Zeit überfordert.

Danke

Ich danke Ihnen liebe Leserin, lieber Leser, dass Sie sich auf meine Gedanken eingelassen haben. Meine Hoffnung ist es, dass die in diesem Buch dargelegten Ideen kräftigen Wind in die Segeln Ihres Lebens legen. Wenn dem so ist, so freue ich mich über Ihre Rezension auf www.amazon.de. Ich wünsche Ihnen ein schönes Leben!

Mein Dank gehört auch und vor allem meiner Frau. Sie unterstützt mich darin mein Leben so zu leben wie ich es möchte und wird nicht müde mich zu inspirieren. Auch danke ich Anne und Erhard Gödert für das Korrekturlesen und für ihre konstruktiven Feedbacks.

Anhang

Stellen und Organisationen, die in harten Zeiten kostenlos und in der Regel sehr schnell helfen können:

1. Telefonseelsorge, Telefon 0800/111 0 111

2. Ambulanzen der psychiatrischen Fachkliniken
Psychiatrische Ambulanzen gibt es in jeder grösseren Stadt und hier bekommen Sie Hilfe in akuten Krisensituationen.

3. Beratungsstellen (für Krisen, bzw. für Ehe-, Familien-Erziehungs- und Lebensfragen) der Städte oder freier Träger. Auch diese sind in jeder größeren Stadt ansässig.

4. Sozialpsychiatrische Dienste der Gesundheitsämter.
Die Mitarbeiter der sozialpsychiatrischen Dienste sind darin geschult, Menschen in Krisensituationen zu helfen.

5. Hausarzt

6. Im Notfall: Telefon 112.

www.ingramcontent.com/pod-product-compliance
Lightning Source LLC
Chambersburg PA
CBHW051421250726

48655CB00003B/1173